글 김경복

단국대학교와 고려대학교 대학원에서 역사를 공부했어요. 우리 역사와 유물에 많은 관심을 가지고
사람들에게 쉽게 다가갈 수 있는 역사책을 쓰고자 노력하고 있어요.
지은 책으로는 《어린이를 위한 지도로 보는 한국사》, 《이야기 가야사》,
《옛날 사람들은 어떤 민속신앙을 가졌을까?》, 《우리 건국신화에는 어떤 이야기가 담겨 있을까?》,
《상위 5%로 가는 역사탐구교실–고대사, 문물교류사》, 《과학자 열전》 들이 있어요.

글 홍영분

단국대학교와 미국 미주리주립대학에서 역사와 정치외교를 공부했어요.
오랫동안 출판 편집자로 일했으며, 현재는 어린이책을 기획하고 쓰고, 옮기는 일을 주로 하고 있어요.
옮긴 책으로는 《붉은 스카프》, 《지도를 만든 사람들》, 《우리 집은 아프리카에 있어요》,
지은 책으로는 《어린이를 위한 지도로 보는 한국사》, 《다산 정약용》 들이 있어요.

그림 시은경

대학에서 시각디자인을 전공하고 한국일러스트레이션학교에서 그림책을 공부했어요.
흰머리 할머니가 될 때까지 어릴 때 즐겨 보던 '유머 1번지' 같은 따뜻하고 우스운, 그런 그림을 그리고 싶습니다.
그린 책으로는 《삼국시대 과학자들은 정말 대단해》, 《나는 통일이 좋아요》, 《십대를 위한 어휘교과서》, 《세계의 민속악기》,
《말성이가 들려주는 속속들이 민속이야기》, 《아홉 살 사장님》, 《봄부터 겨울까지 랩짱이는 무얼 할까》 들이 있어요.

우리 뇌를 깨우는 젓가락 이야기
똑똑한 젓가락

글 김경복·홍영분 | 그림 시은경

초판 1쇄 펴낸날 2014년 3월 14일 | 초판 4쇄 펴낸날 2020년 9월 25일
펴낸이 조은희 | 편집장 한해숙 | 기획편집 신경아 | 디자인 최성수, 이이환
마케팅 박영준 | 온라인 마케팅 박영준 | 경영지원 김효순 | 제작 정영조, 강명주
펴낸곳 (주)한솔수북 등록 제2013-000276호 | 주소 03996 서울시 마포구 월드컵로 96 영훈빌딩 5층
전화 02-2001-5823(편집), 02-2001-5828(영업) | 전송 02-2060-0108 | 전자우편 isoobook@eduhansol.co.kr
블로그 blog.naver.com/hsoobook | 인스타그램 soobook2 | 페이스북 soobook2
ISBN 979-11-85494-19-7 73380

어린이제품안전특별법에 의한 제품 표시
품명 아동 도서 | 사용연령 만 3세 이상 | 제조국 대한민국 | 제조자명 ㈜한솔수북 | 제조년월 2020년 9월

똑똑한 젓가락 ⓒ 김경복·홍영분, 시은경 2014
※ 저작권법에 의해 보호를 받는 저작물이므로 저작권자의 서면 동의 없이 다른 곳에 옮겨 싣거나 베껴 쓸 수 없으며 전산장치에 저장할 수 없습니다.
※ 값은 뒤표지에 있습니다.

지식이 잘잘잘은 폭넓은 지식 세상으로 아이들을 이끌어,
더 큰 호기심의 씨앗을 심어 주는 지식그림책 꾸러미입니다.

한솔수북의 모든 책은 아이의 눈, 엄마의 마음으로 만듭니다.

우리 뇌를 깨우는 젓가락 이야기

똑똑한 젓가락

글 김경복·홍영분 그림 시은경

엄지와 집게손가락이 만나면 무엇을 할까?
요리조리 빠져나가는 콩자반을 집어서,
건들건들 춤추는 도토리묵을 들어서,
모락모락 김이 나는 국수를…….

앗, 뜨거!

그럼,
가느다란 쇠막대 두 개가 만나면 무엇을 할까?
요리조리 빠져나가는 콩자반을 집어서,
건들건들 춤추는 도토리묵을 들어서,
모락모락 김이 나는 국수를 돌돌 말아서, 한입에 쏘옥.

오호라, 젓가락이로구나!

젓가락은 손이 할 일을 무엇이든 척척해.
깍두기를 **집고**, 깻잎장아찌를 한 장 **떼고**,
김치를 먹기 좋게 **찢고**, 김으로 밥을 **싸고**,
생선살을 **바르고**, 한쪽을 다 먹으면 **뒤집고**,
계란말이를 **자르고**, 호박전을 양념장에 **찍고**,
짜장면 가닥을 **감아올리고**,
비빔밥의 나물과 밥을 **섞어 비비고**,
조금 남은 음식을 닥닥 **긁어모으고**,
그리고 이 모든 음식을 입으로 **나르지**!

내 손 안의 손, 젓가락은 어떻게 생겨났을까?

아주아주 오래전에는
사람들이 손으로 음식을 먹었어.
두 손만 있으면 못할 게 없었거든.
질기디 질긴 짐승 고기를 거뜬히 뜯어 먹고,
작디작은 열매도 얼마든지 따 먹었지.

똑똑한 이야기

사람의 다섯 손가락 중에서도 엄지는 아주 중요한 역할을 해요. 대부분의 동물과 달리 사람의 손은 엄지가 길고 나머지 네 손가락과 마주하는 구조예요. 덕분에 손가락 끝을 한데 모아 물건을 집어 올릴 수 있고, 손을 자유자재로 쓸 수 있어요. 사람이 젓가락과 같은 도구를 만들어 사용할 수 있는 것도 손의 이런 구조 덕분이지요.

그러다가 날로 먹던 음식을 불에 익혀 보았어.
지글지글 보글보글.
그 냄새가 어찌나 구수한지,
한입 맛보려고 냉큼 손을 댔다가
앗, 뜨거!
그만 손을 데고 말았지.

'손가락을 대신할 게 뭐 없을까?'

오랫동안 궁리하고 궁리했더니
손가락처럼 가늘고 긴 나뭇가지가 떠올랐어.
나뭇가지로 집으면 문제없겠지?
그런데 나뭇가지 하나로는
콕콕 찍히긴 해도 잘 집히지 않았어.

이번에는 두 개를 써 보았지.
뜨거운 음식을 조심조심 집어서
입에 대고 후후 불어
가만가만 입속으로 쏘옥.

**바로 젓가락이
탄생한 거야!**

젓가락 겉을 미끈하게 다듬고 나서,
아이 것은 짤막하게,
어른 것은 길쭉하게.

나뭇가지 젓가락을 그대로 쓰니,
겉은 꺼칠꺼칠, 길이는 들쭉날쭉.

똑똑한 이야기

젓가락은 하루아침에 생겨난 게 아니에요. 손을 대지 않고도 음식을 먹을 방법을 오랫동안 궁리한 끝에 만든 발명품이에요. 오랜 세월 동안 여러 사람들이 다듬고 다듬어서 지금의 젓가락이 되었지요.

이젠 됐나 싶었더니,
동글동글한 젓가락이
자꾸만 굴러떨어지잖아?

모가 나게 깎으면 구르지 않아.
납작하게 만들어도 구르지 않지.

그런데 물을 마시고 싶으면?
손바닥을 오므려 떠 마시면 되었지.
하지만 펄펄 끓인 국물은?

옳지, 조개껍데기로 떠먹으면 돼.
거기에 손잡이를 붙였더니
쓰기가 한결 편하지 뭐야?
그 모양 그대로 나무를 깎으니
어엿한 숟가락이 되었네.

세계 여러 나라 사람들은
사는 곳이 다르고 좋아하는 음식도 서로 달라.
그러니 음식을 먹는 방법도 제각각이지.

인도나 아라비아, 아프리카 사람들은
오래전부터 손으로 음식을 먹었어.
날씨가 더워 음식을 식혀 먹으니
손으로 집어도 델 염려가 없거든.
신이 선물한 손으로 음식을 먹으면
보들보들 꺼끌꺼끌, 말랑말랑 쫀득쫀득,
손끝으로 먼저 음식을 맛볼 수 있어.

똑똑한 이야기

세계 여러 나라 중 절반 가까운 나라 사람들은 지금도 손으로 음식을 먹어요. 이런 나라 사람들은 여럿이 함께 쓰는 그릇이나 숟가락, 젓가락 등을 불결하게 여기고 신이 내린 각 사람의 손을 가장 깨끗하게 여긴답니다.

서양 사람들도 오랫동안 손을 썼어.
호랑이 같은 임금님도, 어여쁜 왕비님도
하나같이 손으로 음식을 집어 먹었지.
그래도 세련된 식사 예절을 뽐내느라고
반드시 한쪽 손, 세 손가락만 썼다나.

지금은 손 대신에 포크를 써.
처음 포크가 등장했을 땐 '쪼개진 숟가락'이라며 악마처럼 여겼어.
한참이 지나서야 포크는 접시 옆 제자리를 차지하게 되었지.

똑똑한 이야기
포크의 조상은 쇠꼬챙이예요. 그러다가 갈퀴가 두 개인 포크가 탄생했지만, 자른 고기나 작고 물렁한 음식을 입으로 옮기기가 쉽지 않았어요. 차츰 포크의 갈퀴가 늘어나고, 곡선으로 구부러진 모양으로 변해 음식을 빨리, 안전하게 입으로 나를 수 있게 되었어요.

우리나라, 중국, 일본은 젓가락을 쓰는 나라야.
하지만 젓가락의 생김새가 다르고 쓰는 법도 똑같지 않아.
처음엔 세 나라 모두 숟가락과 젓가락을 썼어.
그러다가 중국과 일본은
숟가락을 제쳐 두고 젓가락만 쓰게 되었지.
국이나 찌개를 좋아하는 우리나라 사람들은
지금도 숟가락과 젓가락 둘 다 써.

똑똑한 이야기

우리나라 사람들은 은이나 놋쇠 같은 쇠붙이 젓가락을 주로 썼는데, 납작하고 끝이 뭉툭하게 생겼어요. 중국 사람들은 길이가 길고 끝이 둥그스름한 대나무 젓가락을 사용해요. 일본 사람들은 길이가 짧고 끝이 뾰족한 나무젓가락을 주로 사용해요.

그럼, 어디 한번 젓가락질을 해 볼까?
겨우겨우 음식을 집었는데
한 짝이 삐끗하더니,
아이코, 음식이 줄줄 떨어지네.
그래도 자꾸자꾸 연습하면
멋지게 젓가락질을 하게 될 거야.

젓가락질을 할 때는
손가락 다섯이 서로 힘을 합쳐.
살 속에 숨어 있는 뼈와 근육도 함께 일하지.
손은 뇌와 연결돼 있어,
젓가락질을 많이 하면
뇌도 덩달아 건강해진대.

똑똑한 이야기

손 안에는 27개나 되는 뼈가 관절로 서로 연결돼 있어 젓가락질 같은 어려운 동작도 잘할 수 있어요. 손의 움직임 하나하나는 모두 뇌로 전달되므로, 젓가락질을 하면 할수록 우리 뇌가 더 많이 자극받고 깨어나지요.

똑똑한 젓가락, 오늘은 무슨 일을 할까?
매콤한 떡볶이를 살짝 집어 올리고,
짭조름한 굴비 살을 알뜰살뜰 바르지.
얼음 동동, 냉면 그릇 속으로도 용감하게 풍덩!

냠냠, 꿀꺽.

임무 끝!

젓가락 두 짝에 담긴 옛사람들의 지혜

우리가 날마다 밥상에서 만나는 젓가락. 가늘고 길쭉한 막대 두 개로 된 젓가락은 보기에 별것 아닌 것 같지만 알고 보면 그렇지 않아요. 사람들이 손을 대지 않고도 음식을 먹는 방법을 오랫동안 궁리한 끝에 만들어진 발명품이 바로 젓가락이지요. 시대에 따라 변해 온 젓가락 두 짝에는 많은 사람들의 지혜가 오롯이 담겨 있지요.

▲ 청동 숟가락

통일신라 시대의 숟가락으로 청동으로 만들어졌어요. 길이는 25센티미터 정도 됩니다.

은숟가락과 청동 젓가락 ▼

고려 시대의 은숟가락과 청동 젓가락이에요. 숟가락은 자루의 단면이 납작하고 길게 휘어진 곡선을 이루고 있어요. 젓가락은 단면이 둥글며 끝마디에 홈이 장식되어 있어요.

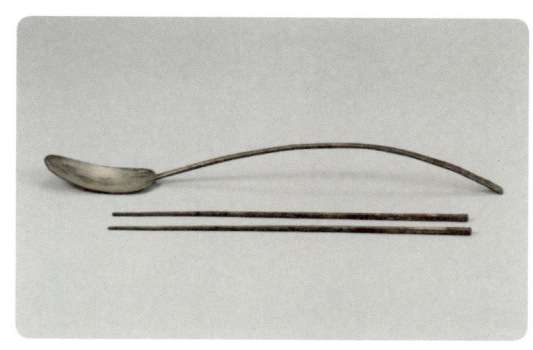

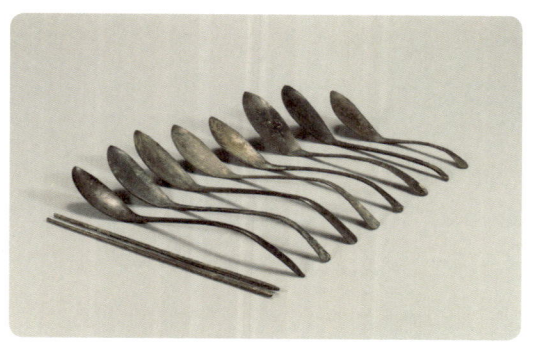

◀ 청동 숟가락과 젓가락

고려 시대에 만들어진 청동 숟가락 여덟 점과 청동 젓가락 두 점이에요. 숟가락은 버들잎 모양으로 만든 본체에 S자형으로 구부러진 자루가 이어져 있어요.

우리 뇌를 깨어나게 하는 젓가락 이야기

젓가락질을 할 때는 손 안에 숨어 있는 뼈와 근육, 신경들이 부지런히 움직여요. 그래서 손을 구부리거나 펴고, 벌리거나 오므리게 돼요. 또 힘을 세게 주거나 슬쩍 놓아 버리고, 이쪽저쪽으로 방향을 틀게도 되지요. 손 안에는 27개나 되는 뼈가 관절로 서로 연결돼 있어 젓가락질 같이 어려운 동작도 잘할 수 있어요.

손은 '제2의 뇌, 머리 밖으로 나온 두뇌'라 불릴 정도로 뇌와 깊은 연관이 있어요. 신체 각 부분의 운동을 담당하는 뇌 영역의 30퍼센트 이상을 손이 차지할 만큼 손의 움직임 하나하나는 모두 뇌로 전달돼요.

우리 뇌의 감각을 담당하는 곳에서 가장 넓은 부분을 차지하는 것이 손이에요. 그 때문에 그리기, 만들기, 오리기 같은 손동작을 하면 뇌가 자극을 많이 받아요. 젓가락질도 하면 할수록 우리 뇌는 더 많이 자극받고 깨어나, 더 좋은 생각을 하게 되지요.

나도 젓가락질 잘하고 싶어요!

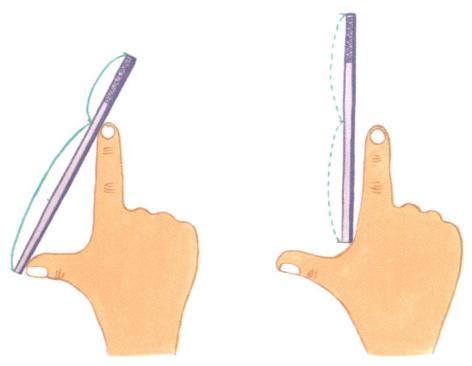

젓가락질을 잘하려면 우선 손 크기에 맞는 젓가락을 골라야 해요. 작은 손에 길이가 긴 어른 젓가락을 쥐면 젓가락질을 하기가 힘들어요. 젓가락의 길이는 내 손의 엄지와 집게손가락을 ㄴ자로 벌린 뒤 두 손가락 끝을 이은 길이의 한 배 반이 되거나, 집게 손가락 뿌리에서 끝까지 길이의 두 배가 되는 것이 알맞아요.

자, 그럼 다음과 같은 방법으로 젓가락질 연습을 해 볼까요?

❶ 젓가락 한 짝을 엄지손가락 안쪽에 끼고 넷째 손가락과 새끼손가락으로 받쳐 듭니다.
❷ 그런 다음, 나머지 한 짝은 엄지, 집게, 가운뎃손가락으로 연필 쥐듯이 잡아요.
❸ 젓가락 끝을 오므렸다 폈다 하면서 음식을 집어 입에 넣으면 되지요. 이때 위쪽 젓가락만을 움직여야 해요.

처음에는 젓가락이 제멋대로 움직여 음식을 집기 어려워도, 자꾸 연습할수록 젓가락질을 잘하게 돼요.

젓가락질 실력을 쑥쑥 키워 주는 놀이

이제 젓가락질 연습을 좀 더 재미있게 해 보아요.

준비물: 젓가락 두 짝, 그릇 네 개, 팝콘, 깐 땅콩, 볶은 콩

연습 방법: ❶ 그릇 하나에 팝콘, 깐 땅콩, 볶은 콩을 섞어 놓아요.
❷ 나머지 빈 그릇 세 개에 각각 팝콘, 깐 땅콩, 볶은 콩을 옮겨 놓아요. 물론 이때는 젓가락을 사용해야 해요.
❸ 팝콘, 깐 땅콩, 볶은 콩을 모두 옮겼다면 맛있게 냠냠!

밥 먹을 때 꼭 지켜야 할 젓가락 예절

- 여럿이 함께 음식을 먹을 때는 젓가락 예절을 지켜야겠지요.
- 젓가락을 쓸 때는 숟가락은 내려놓도록 해요.
- 젓가락을 그릇 위에 걸쳐 놓지 마세요.
- 젓가락으로 음식 위를 왔다 갔다 하지 않고, 먹을 음식을 곧장 집도록 해요.
- 음식을 헤집지 않고 위의 것부터 집어 먹어요.
- 먹지 않을 음식을 젓가락으로 집적거리지 마세요.
- 밥에 젓가락을 꽂아 세워 두는 것도 좋지 않아요.
- 젓가락 끝으로 음식 그릇을 당기면 안돼요.
- 국이나 찌개는 젓가락을 쓰지 않고 숟가락으로 먹어요.
  (젓가락으로 먹으면 떨어지는 국물과 함께 복이 달아난다나?)
- 젓가락으로 음식을 푹 찔러 집지 않도록 해요.
- 맨 젓가락을 핥지 않도록 조심하세요.
- 뭐니 뭐니 해도 가장 좋은 젓가락 예절은 "잘 먹겠습니다!" 하고 기분 좋게 인사한 뒤, 밥상 위의 음식을 골고루, 맛있게 먹는 거예요.